Bienvenue dans un voyage extraordinaire à travers les plus beaux lieux paradisiaques de notre planète ! Ce livre vous invite à explorer vingt-trois destinations idylliques, où la beauté naturelle se mêle à la sérénité absolue pour créer des havres de paix inoubliables.

Des plages de sable blanc immaculé aux eaux cristallines d'un bleu éclatant, en passant par les paysages époustouflants et la biodiversité luxuriante, chaque page de ce livre vous transportera vers des endroits de rêve. Que vous rêviez de vous détendre sur une île privée des Maldives, d'explorer les fonds marins des Seychelles ou d'admirer les formations karstiques des Philippines, ces lieux paradisiaques vous offriront des expériences uniques et des souvenirs à jamais gravés dans votre cœur.

Laissez-vous séduire par la tranquillité envoûtante de ces destinations, où le temps semble ralentir et où la nature se dévoile dans toute sa splendeur. Plongez dans des lagons aux reflets hypnotisants, laissez-vous bercer par la douceur des vagues caressant le rivage, et explorez des paysages à couper le souffle où la magie opère à chaque instant.

Que vous soyez en quête de détente, d'aventure, de romance ou simplement d'évasion, ce livre est un appel à la découverte des lieux paradisiaques qui illuminent notre planète. Préparez-vous à vous immerger dans des paradis terrestres et à vivre des moments d'émerveillement et de plénitude. Embarquez pour un voyage au-delà de l'ordinaire, où la beauté naturelle se révèle dans toute sa splendeur, et laissez-vous envoûter par ces lieux d'exception qui semblent tout droit sortis d'un rêve.

Aitutaki, joyau niché au cœur des îles Cook,
Où le paradis s'épanouit, où l'émerveillement s'envole,
Tes plages de sable blanc, tes eaux turquoises en crook,
Captivent les âmes, éveillent la quiétude, la parole.

Le Lagon d'Aitutaki, merveille naturelle inouïe,
S'étend à perte de vue, une palette de bleus infinis,
Ses motus paisibles, ses coraux multicolores éblouis,
Offrent une exploration sous-marine, une féerie à l'infini.

One Foot Island, perle de sable immaculée,
Se love dans le lagon, havre de tranquillité,
Sa végétation luxuriante, sa douceur enveloppée,
Créent une atmosphère paisible, une quiétude confirmée.

La Vallée d'Arutanga, paysage verdoyant et serein,
Se déploie avec grâce, un écrin de nature préservée,
Ses cascades cristallines, ses sentiers aux abords incertains,
Ravivent l'âme aventurière, l'âme enchantée.

Le Village de Vaipae, témoignage de la culture locale,
Abrite les traditions, les coutumes intemporelles,
Ses maisons colorées, ses jardins tropicaux en accolade,
Illuminent les esprits, éveillent l'émerveillement, l'éternelle.

L'atmosphère apaisante d'Aitutaki se respire,
Dans les hamacs balancés, les chants mélodieux,
Les repas partagés, les esprits qui respirent,
Célèbrent la simplicité, une symphonie harmonieuse.

Aitutaki, destination de rêve et d'évasion,
Les activités nautiques, les moments d'intimité,
Tissent une toile paradisiaque, une scène d'admiration,
Où la beauté se dévoile, où les cœurs s'abandonnent.

Ô Aitutaki, entre ciel et mer étincelants,
Ton charme est un trésor à contempler,
Une destination où l'évasion est exaltante,
Dans un écrin polynésien, une île à chérir pour l'éternité.

Perles Paradisiaques:

Les 20 lieux d'Exception

Bienvenue à Aitutaki, une perle cachée dans les Îles Cook. Imaginez un paysage tropical d'une beauté à couper le souffle, des plages de sable blanc bordées d'eaux cristallines et une atmosphère sereine. Aitutaki est une invitation à l'évasion, un paradis préservé qui vous transporte dans un monde de tranquillité et de douceur de vivre.

Les eaux turquoise du lagon d'Aitutaki sont célèbres pour leur incroyable richesse marine. Plongez dans les profondeurs et découvrez une biodiversité marine exceptionnelle, où vous pourrez nager avec des poissons multicolores et des tortues majestueuses. Explorez les îles environnantes en kayak ou en bateau et laissez-vous émerveiller par des paysages à couper le souffle.

Le charme authentique d'Aitutaki réside également dans son ambiance chaleureuse et accueillante. Rencontrez les habitants locaux, imprégnez-vous de leur culture et de leur histoire. Profitez de la délicieuse cuisine polynésienne, mêlant saveurs exotiques et traditions culinaires locales.

Que vous souhaitiez vous détendre sur la plage, explorer les merveilles sous-marines ou simplement vous immerger dans la quiétude de l'île, Aitutaki offre une expérience inoubliable. Laissez-vous transporter par la beauté naturelle et l'atmosphère enchanteresse de ce joyau des Îles Cook. Un voyage à Aitutaki est un véritable éveil des sens, une invitation à la découverte et à la détente dans un cadre idyllique.

Amalfi, perle de la côte italienne,
Où l'histoire et la beauté se rejoignent en un écrin,
Tes falaises escarpées, tes citronniers en fontaine,
Captivent les âmes, éveillent l'émerveillement divin.

La Piazza del Duomo, cœur battant de la ville,
S'anime de couleurs, de parfums enivrants,
Sa cathédrale majestueuse, son campanile qui brille,
Offrent une vue époustouflante, un enchantement charmant.

La Scala Santa, majestueuse et vertigineuse,
Se dresse avec grandeur, escalier de pierre en relief,
Ses arches imposantes, sa vue panoramique précieuse,
Créent une atmosphère sacrée, une ascension dans le vif.

La Grotta dello Smeraldo, merveille souterraine,
S'ouvre aux visiteurs, une éblouissante découverte,
Ses eaux émeraude, ses stalactites qui s'enchaînent,
Ravivent l'âme curieuse, l'âme en quête d'œuvre d'art.

La Villa Rufolo, trésor de l'époque médiévale,
S'étend avec grâce, un jardin suspendu au-dessus de la mer,
Ses terrasses fleuries, ses vues à couper le souffle,
Créent une ambiance romantique, une poésie éphémère.

L'atmosphère enivrante d'Amalfi se respire,
Dans les ruelles animées, les boutiques colorées,
Les saveurs méditerranéennes, les esprits qui respirent,
Célèbrent la dolce vita, une symphonie ensoleillée.

Amalfi, joyau côtier de l'Italie éternelle,
Les plages, les balades, les moments de détente,
Tissent une toile de charme, une scène en ritournelle,
Où la dolcezza se révèle, où les cœurs sont en attente.

Ô Amalfi, entre histoire et splendeur,
Ton charme est un trésor à savourer,
Une destination où la beauté est enivrante,
Dans un écrin italien, une ville à célébrer.

Bienvenue à Amalfi, un trésor caché sur la côte italienne.

Nichée entre des falaises vertigineuses et des eaux bleu azur, **Amalfi** offre une expérience enchanteresse dans un cadre pittoresque. Dès votre arrivée, vous serez captivé par la beauté naturelle de cette région emblématique d'Italie. Explorez les ruelles sinueuses d'**Amalfi**, bordées de maisons colorées et de charmantes boutiques artisanales. Flânez le long du front de mer animé et contemplez les majestueuses façades baroques qui témoignent de son riche patrimoine historique.

Les plages d'**Amalfi** vous invitent à la détente sous le soleil italien, tandis que les eaux cristallines de la mer Tyrrhénienne appellent à la baignade rafraîchissante. Partez à la découverte des criques secrètes et des grottes marines cachées le long de la côte, à bord d'un bateau traditionnel.

Ne manquez pas l'occasion de déguster les délices culinaires d'**Amalfi**. Savourez des spécialités locales telles que les pâtes fraîches aux fruits de mer, les délicieux limoncellos et les douceurs sucrées typiques de la région. L'atmosphère romantique d'**Amalfi** vous enveloppe, faisant de chaque instant un souvenir inoubliable. Que vous vous promeniez main dans la main avec votre bien-aimé(e) ou que vous vous laissiez porter par les découvertes solitaires, **Amalfi** est l'endroit rêvé pour se perdre dans un décor digne d'une carte postale.

Angra dos Reis, joyau du littoral brésilien,
Où la nature s'épanouit, où la beauté atteint son apogée,
Tes îles luxuriantes, tes plages de sable fin,
Captivent les âmes, éveillent l'émerveillement en légèreté.

La Baie d'Ilha Grande, paradis préservé,
S'étend majestueusement, un écrin de biodiversité,
Ses eaux cristallines, ses criques enchanteresses,
Offrent une immersion marine, un éblouissement sans cesse.

La Praia do Dentista, plage paradisiaque et intime,
Se niche entre les rochers, un secret bien gardé,
Son sable doré, ses eaux turquoise à l'abri,
Créent une ambiance sereine, une évasion éthérée.

Le Centre Historique d'**Angra dos Reis**, témoin du passé,
Raconte les histoires, les influences du temps,
Ses églises coloniales, ses rues pavées enlacées,
Ravivent l'âme curieuse, l'âme qui explore intensément.

Les Îles de **Angra dos Reis**, trésors insulaires,
Se dessinent en archipel, un tableau féérique,
Leurs plages sauvages, leurs cascades singulières,
Créent une atmosphère d'aventure, une nature authentique.

L'atmosphère tropicale d'**Angra dos Reis** se respire,
Dans les saveurs exotiques, les caïpirinhas enivrantes,
Les rythmes brésiliens, les esprits qui respirent,
Célèbrent la joie de vivre, une symphonie étincelante.

Angra dos Reis, destination de rêve et de dépaysement,
Les sports nautiques, les randonnées enivrantes,
Tissent une toile d'évasion, une scène d'enchantement,
Où la nature se dévoile, où les cœurs se contentent.

Ô **Angra dos Reis**, entre terre et mer scintillante,
Ton charme est un trésor à découvrir,
Une destination où l'évasion est fascinante,
Dans un écrin brésilien, une ville à chérir.

Bienvenue à **Angra dos Reis**, une perle cachée au Brésil. Située sur la côte sud de Rio de Janeiro, cette destination tropicale vous offre un mélange parfait de plages de sable blanc, d'eaux turquoise et de nature exubérante.
Les îles parsemant la baie d'**Angra dos Reis** offrent un véritable paradis tropical. Explorez ces îles préservées, en vous baignant dans des eaux cristallines, en faisant de la plongée sous-marine pour découvrir les récifs coralliens colorés, ou en vous détendant simplement sur des plages isolées.
La biodiversité de la région est impressionnante, avec une végétation luxuriante et une faune marine abondante. Partez en randonnée à travers la forêt tropicale environnante et découvrez une variété d'espèces végétales et animales uniques.
Angra dos Reis est également réputée pour ses superbes cascades et ses piscines naturelles. Laissez-vous séduire par la fraîcheur de ces eaux douces et profitez d'une expérience rafraîchissante au cœur de la nature.
La ville d'**Angra dos Reis** elle-même vous accueille avec son charme typique brésilien. Promenez-vous dans les rues colorées, visitez les marchés locaux et goûtez aux saveurs exquises de la cuisine brésilienne. Ne manquez pas de déguster des fruits de mer frais et de savourer un délicieux cocktail au coucher du soleil.
Que vous soyez à la recherche de détente, d'aventure ou d'une escapade romantique, **Angra dos Reis** saura répondre à vos attentes. Plongez dans l'atmosphère tropicale, laissez-vous envoûter par la beauté naturelle et profitez de moments inoubliables dans ce coin de paradis brésilien.

Bora Bora, perle du Pacifique émeraude,
Où le paradis se déploie, où les rêves se construisent,
Tes lagons translucides, tes montagnes qui grimpent,
Captivent les âmes, éveillent l'émerveillement qui rôde.

Le **Mont Otemanu**, majesté volcanique de l'horizon,
Domine **Bora Bora** de sa silhouette altière,
Son sommet couvert de verdure, sa grandeur en fusion,
Offrent une vue panoramique, un spectacle à la lumière.

Le **Lagon de Bora Bora**, tableau d'une pureté cristalline,
S'étend à l'infini, une palette de bleus éclatants,
Ses coraux multicolores, ses poissons en épine,
Ravivent l'âme plongeuse, l'âme des fonds fascinants.

Les **Motus**, îlots paradisiaques dispersés,
Se nichent dans le lagon, trésors de sérénité,
Leurs plages de sable blanc, leurs cocotiers enlacés,
Créent une atmosphère exotique, une évasion d'éternité.

Les **Bungalows** sur pilotis, symboles du luxe envoûtant,
Flottent sur les eaux turquoise, cocons de volupté,
Leur terrasse privée, leur vue panoramique s'étendant,
Créent une ambiance romantique, un bonheur dévoilé.

L'atmosphère détendue de **Bora Bora** se respire,
Dans les spas luxueux, les massages relaxants,
Les cocktails exotiques, les esprits qui respirent,
Célèbrent la quiétude, une symphonie apaisante.

Bora Bora, île des amoureux et des aventuriers,
Les sports nautiques, les excursions enivrantes,
Tissent une toile d'émerveillement, une scène en lumière,
Où la magie se crée, où les cœurs s'enchantent.

Ô **Bora Bora**, entre rêve et réalité,
Ton charme est un trésor à contempler,
Une destination où l'évasion est éternité,
Dans un écrin polynésien, une île à chérir pour l'éternité.

Bienvenue à Bora Bora, l'île de rêve au cœur du Pacifique Sud. Connue pour ses paysages paradisiaques, cette destination enchanteresse est synonyme de luxe, d'évasion et de détente.

Imaginez des lagons d'un bleu éblouissant, bordés de plages de sable blanc ourlées de palmiers. Les eaux cristallines abritent une vie marine exceptionnelle, offrant aux amateurs de plongée une expérience unique au milieu des coraux colorés et des poissons tropicaux.

Bora Bora est également réputée pour ses bungalows sur pilotis, perchés au-dessus des eaux turquoise. Ces hébergements de rêve vous promettent une intimité absolue et des vues panoramiques à couper le souffle.

L'île propose une myriade d'activités pour tous les goûts. Que ce soit le farniente sur les plages immaculées, la découverte des traditions polynésiennes, la randonnée à travers les collines verdoyantes ou une croisière romantique au coucher du soleil, vous serez comblé par les choix qui s'offrent à vous.

Les couchers de soleil à Bora Bora sont tout simplement magiques. Installez-vous confortablement sur la plage ou sur votre terrasse privée, et laissez-vous envoûter par les nuances chaudes qui embrasent le ciel.

Que vous soyez en lune de miel, en quête d'une escapade romantique ou simplement en quête de détente absolue, Bora Bora est l'endroit idéal pour réaliser vos rêves les plus fous. Préparez-vous à vivre des moments inoubliables dans ce petit coin de paradis sur terre.

Maldives, joyau de l'océan Indien,
Où le paradis prend vie, où les songes prennent leur envol,
Tes lagons turquoise, tes plages de sable fin,
Captivent les âmes, éveillent l'émerveillement d'un seul vol.

Les Atolls des Maldives, merveilles insulaires,
S'étendent à perte de vue, un monde aquatique enchanté,
Leurs récifs coralliens, leurs poissons multicolores en prière,
Offrent une immersion sous-marine, un éblouissement enchâssé.

L'île de Malé, cœur vibrant des Maldives,
S'anime de culture, de tradition en mouvement,
Ses mosquées élégantes, ses marchés en fièvre vive,
Créent une atmosphère authentique, un enchantement séduisant.

Les Villas sur l'eau, symboles de luxe et de sérénité,
Flottent sur les lagons, havres d'intimité,
Leur terrasse privée, leur vue panoramique en simplicité,
Créent une ambiance romantique, un bonheur en complicité.

Les plages des Maldives, étendues de douceur,
Se déploient avec grâce, un écrin de volupté,
Leur sable blanc immaculé, leurs palmiers en lueur,
Ravivent l'âme reposée, l'âme en tranquillité.

L'atmosphère paisible des Maldives se respire,
Dans les spas raffinés, les massages enivrants,
Les couchers de soleil, les esprits qui respirent,
Célèbrent la quiétude, une symphonie en enchantement.

Maldives, destination de rêve et d'évasion,
Les sports nautiques, les moments d'intimité,
Tissent une toile paradisiaque, une scène d'admiration,
Où la beauté se dévoile, où les cœurs sont en liberté.

Ô Maldives, entre mer et ciel infinis,
Ton charme est un trésor à contempler,
Une destination où l'évasion est magie,
Dans un écrin paradisiaque, une île à chérir pour l'éternité.

Bienvenue aux Maldives, l'archipel enchanteur de l'océan Indien.

Préparez-vous à plonger dans un univers de beauté naturelle, de sérénité et de luxe tropical. Imaginez des plages de sable blanc immaculé s'étendant à perte de vue, bordées d'eaux cristallines aux nuances de bleu infinies. Les Maldives sont réputées pour leurs lagons turquoise abritant une incroyable biodiversité marine. Snorkeling, plongée sous-marine, planche à voile, ou simplement se prélasser sur une plage isolée, vous aurez l'embarras du choix pour vous adonner à vos activités préférées.

Les villas sur pilotis, emblématiques des Maldives, vous offrent une expérience d'hébergement unique. Imaginez-vous vous réveiller chaque matin avec une vue imprenable sur l'océan, plongeant directement depuis votre terrasse dans des eaux translucides, et vous relaxant dans un jacuzzi privé en admirant le coucher de soleil.

Les Maldives sont également un paradis pour les amateurs de bien-être. De nombreux complexes hôteliers proposent des spas de classe mondiale, où vous pourrez vous faire choyer avec des massages relaxants, des soins ayurvédiques et des rituels de bien-être inspirés des traditions locales.

La cuisine maldivienne vous fera voyager à travers une explosion de saveurs exotiques. Les fruits de mer frais, les épices locales et les influences internationales se mélangent pour créer une cuisine délicieuse et raffinée.

Que vous soyez en quête d'une escapade romantique, d'une lune de miel inoubliable ou simplement d'un moment de détente absolue, les Maldives sont le lieu idéal pour réaliser vos rêves. Laissez-vous envoûter par la beauté naturelle de cet archipel insulaire et profitez d'un séjour luxueux et serein dont vous vous souviendrez pour toujours.

Moorea, perle scintillante de la Polynésie,
Où l'émerveillement naît, où les rêves prennent vie,
Tes montagnes majestueuses, tes lagons en harmonie,
Captivent les âmes, éveillent la beauté infinie.

Les **Monts Rotui**, sentinelles puissantes et fières,
Dominent Moorea de leur présence grandiose,
Leurs sommets embrassés par la brume légère,
Offrent une vue panoramique, une vision grandiose.

La **Baie d'Opunohu**, écrin naturel préservé,
S'étend avec grâce, un paysage de carte postale,
Ses eaux turquoise, sa végétation envoûtée,
Créent une atmosphère sereine, une quiétude vitale.

Le **Lagon de Moorea**, tableau d'une pureté cristalline,
S'étire à l'infini, une invitation à la découverte,
Ses coraux chatoyants, ses poissons multicolores en ligne,
Ravivent l'âme exploratrice, l'âme en quête de renaissance.

Les **Belvédères**, points de vue envoûtants,
Se dressent en retrait, offrant des panoramas éblouissants,
Leurs perspectives sur les montagnes et l'océan,
Créent une ambiance contemplative, un émerveillement grandissant.

L'atmosphère envoûtante de Moorea se respire,
Dans les jardins tropicaux, les parfums enivrants,
Les danses traditionnelles, les esprits qui respirent,
Célèbrent la culture polynésienne, une symphonie en mouvement.

Moorea, destination de rêve et de plénitude,
Les activités nautiques, les randonnées enivrantes,
Tissent une toile de bonheur, une scène de gratitude,
Où la nature se dévoile, où les cœurs s'enchantent.

Ô **Moorea**, entre terre et mer éternelles,
Ton charme est un trésor à contempler,
Une destination où l'évasion est essentielle,
Dans un écrin polynésien, une île à chérir pour l'éternité.

Bienvenue à Moorea, l'une des perles de la Polynésie française.

Cette île paradisiaque est un véritable joyau niché au cœur de l'océan Pacifique. Imaginez des plages de sable blanc immaculé bordées de palmiers majestueux, des lagons turquoise étincelants et des montagnes verdoyantes se dressant en toile de fond. Moorea est un véritable paradis tropical, offrant des paysages à couper le souffle et une atmosphère enchanteresse.

Laissez-vous envoûter par la beauté de la nature lors d'une randonnée à travers les montagnes luxuriantes de l'île. Explorez les sentiers pittoresques qui vous mèneront à des points de vue panoramiques, révélant des vues spectaculaires sur l'océan et les lagons environnants.

Plongez dans les eaux cristallines de Moorea et découvrez un monde sous-marin fascinant. Snorkeling, plongée sous-marine ou tout simplement se baigner dans les eaux chaudes et claires, vous aurez l'occasion d'admirer une incroyable diversité de coraux colorés et de poissons tropicaux.

Les amoureux de la détente trouveront leur bonheur dans les spas luxueux de Moorea. Offrez-vous des massages relaxants, des soins apaisants et des moments de pur bien-être dans un cadre idyllique, bercé par le doux bruit des vagues.

L'hospitalité chaleureuse des habitants de Moorea rendra votre séjour encore plus mémorable. Découvrez la culture polynésienne à travers des spectacles de danse traditionnelle, des démonstrations d'artisanat local et des dégustations de délicieuses spécialités culinaires.

Que vous recherchiez des moments de tranquillité, des aventures en plein air ou tout simplement une évasion totale dans un cadre idyllique, Moorea est l'endroit parfait pour réaliser vos rêves de voyage. Plongez dans la magie de cette île polynésienne et créez des souvenirs inoubliables qui resteront à jamais gravés dans votre cœur.

Palawan, joyau des Philippines tropicales,
Où la nature est reine, où les merveilles sont multiples,
Tes îles immaculées, tes plages paradisiaques en corolle,
Captivent les âmes, éveillent l'émerveillement qui frôle.

L'Archipel de Bacuit, perle préservée de Palawan,
S'étend majestueusement, un écrin d'émeraude,
Ses formations karstiques, ses lagons enchanteurs sans fin,
Offrent une exploration captivante, une beauté qui se laude.

La Rivière souterraine de Puerto Princesa, merveille naturelle,
Se déploie dans l'obscurité, un trésor souterrain,
Ses grottes éclairées, sa biodiversité exceptionnelle,
Ravivent l'âme aventurière, l'âme en quête d'essentiel.

Les Îles Honda Bay, îlots de rêve parsemés,
Se nichent dans les eaux turquoise, un tableau idyllique,
Leurs récifs coralliens, leurs plages immaculées,
Créent une atmosphère exotique, un refuge féerique.

El Nido, havre de paix aux eaux cristallines,
S'étire le long de la côte, une promesse de bonheur,
Ses baies cachées, ses falaises enluminées,
Créent une ambiance romantique, une symphonie de douceur.

L'atmosphère enchanteresse de Palawan se respire,
Dans les mangroves luxuriantes, les parfums enivrants,
Les saveurs exotiques, les esprits qui respirent,
Célèbrent la richesse culturelle, une symphonie palpitant.

Palawan, destination de rêve et d'aventure,
Les plongées en apnée, les randonnées exaltantes,
Tissent une toile d'évasion, une scène de nature pure,
Où la beauté se dévoile, où les cœurs s'enchantent.

Ô Palawan, entre terre et mer envoûtantes,
Ton charme est un trésor à contempler,
Une destination où l'évasion est vibrante,
Dans un écrin philippin, une île à chérir pour l'éternité.

Bienvenue à Palawan, une véritable merveille des Philippines.

Cette île tropicale vous invite à plonger dans un monde de beauté naturelle époustouflante. Imaginez des plages de sable blanc immaculé, des eaux cristallines d'un bleu azur et des formations karstiques impressionnantes émergeant de l'océan. Palawan est une destination de rêve pour les amoureux de la nature et les aventuriers en quête de découvertes.

Explorez les îles paradisiaques de l'archipel d'El Nido, où chaque coin de plage offre un paysage à couper le souffle. Nagez dans les lagons cachés, faites de la plongée avec tuba pour découvrir les récifs coralliens colorés et émerveillez-vous devant les formations de roche calcaire qui émergent de l'eau.

Les amateurs de plein air seront comblés par les possibilités offertes à Palawan. Faites de la randonnée dans les montagnes verdoyantes, explorez les forêts tropicales luxuriantes et découvrez une faune et une flore diversifiées. Les plongeurs ne seront pas en reste, car Palawan est également réputée pour ses sites de plongée exceptionnels. Explorez les récifs coralliens vibrants, nagez avec les tortues de mer et découvrez une vie marine foisonnante dans les eaux chaudes de l'océan.

Laissez-vous séduire par l'accueil chaleureux des habitants de Palawan et découvrez leur culture riche et colorée. Goûtez à la délicieuse cuisine locale, imprégnée d'influences asiatiques et espagnoles, et profitez des soirées animées dans les bars de plage.

Que vous recherchiez des moments de détente sur des plages idylliques, des aventures en plein air ou une immersion culturelle, Palawan est l'endroit idéal pour vivre des expériences uniques et créer des souvenirs qui resteront à jamais gravés dans votre cœur. Préparez-vous à succomber au charme envoûtant de Palawan et à tomber amoureux de sa beauté inégalée.

Santorin, joyau des Cyclades en Grèce,
Où le bleu et le blanc s'entrelacent en liesse,
Tes falaises escarpées, tes villages perchés en forêt,
Captivent les âmes, éveillent la beauté à jamais.

Oia, village emblématique, couronné de splendeur,
Domine Santorin de ses maisons cubiques,
Ses dômes bleus, ses venelles en chaleur,
Offrent une vue incroyable, un paysage idyllique.

Fira, capitale animée aux allures de conte,
S'étend avec grâce, un mélange de charme et de vie,
Ses ruelles pavées, ses boutiques qui émontent,
Créent une atmosphère enivrante, une énergie raffinée.

Les Plages de Santorin, étendues de sable volcanique,
S'ouvrent sur l'azur, un contraste saisissant,
Leurs eaux limpides, leur mystère hypnotique,
Ravivent l'âme baigneuse, l'âme en quête d'enchantement.

Le Cratère du volcan **Nea Kameni**, force magmatique,
Se dresse au milieu de la caldeira, un spectacle de feu,
Son paysage lunaire, ses fumerolles excentriques,
Créent une ambiance mystique, un voyage audacieux.

L'atmosphère romantique de Santorin se respire,
Dans les couchers de soleil, les étreintes passionnées,
Les terrasses de tavernes, les esprits qui respirent,
Célèbrent l'amour, une symphonie bien-aimée.

Santorin, destination de rêve et d'évasion,
Les dégustations de vin, les croisières inoubliables,
Tissent une toile de douceur, une scène de fascination,
Où la beauté se dévoile, où les cœurs sont insatiables.

Ô Santorin, entre ciel et mer resplendissants,
Ton charme est un trésor à contempler,
Une destination où l'évasion est enivrante,
Dans un écrin grec, une île à chérir pour l'éternité.

Bienvenue à Santorin, la perle des îles grecques.

Nichée au cœur de la mer Égée, cette île magique vous offre un mélange envoûtant de paysages pittoresques, de charme méditerranéen et d'histoire ancienne.

Imaginez-vous surplombant les falaises escarpées qui plongent dans les eaux bleues étincelantes. Les maisons blanches aux dômes bleus contrastent avec le bleu profond de la mer et le ciel azuré. Chaque coin de rue vous offre des vues à couper le souffle, créant un décor parfait pour des souvenirs inoubliables.

Explorez les ruelles étroites de la capitale de l'île, Fira, où vous trouverez des boutiques pittoresques, des cafés accueillants et des tavernes traditionnelles. Imprégnez-vous de l'atmosphère animée et profitez des vues panoramiques depuis les terrasses qui surplombent la caldeira.

Ne manquez pas la célèbre plage de sable noir de Perissa, où vous pourrez vous détendre au soleil, vous baigner dans les eaux cristallines et déguster des spécialités locales dans les tavernes au bord de la mer.

Pour une expérience unique, explorez les ruines antiques d'Akrotiri, une cité minoenne enfouie sous les cendres volcaniques pendant des milliers d'années. Plongez dans l'histoire fascinante de l'île et découvrez les vestiges bien préservés de cette civilisation ancienne.

Et bien sûr, ne quittez pas Santorin sans avoir admiré le coucher de soleil emblématique de l'île. Que ce soit depuis le village d'Oia ou depuis un bateau en mer, laissez-vous émerveiller par les couleurs chaudes qui embrasent le ciel et créent une ambiance magique.

Santorin est l'endroit idéal pour se détendre, se ressourcer et se perdre dans la beauté intemporelle de l'île. Que vous soyez en quête de romance, d'aventure ou simplement de tranquillité, Santorin répondra à toutes vos attentes et vous offrira des moments inoubliables. Préparez-vous à être transporté dans un monde de rêves et de merveilles à Santorin.

Seychelles, joyau de l'océan Indien,
Où la nature est souveraine, où le paradis se dessine,
Tes plages de sable blanc, tes eaux cristallines,
Captivent les âmes, éveillent l'émerveillement qui fascine.

La Digue, île emblématique et préservée,
S'étend avec grâce, un éden tropical,
Ses plages sauvages, ses rochers sculptés,
Offrent une beauté sauvage, un paysage magistral.

Praslin, l'île aux merveilles végétales,
Se pare de forêts luxuriantes, un enchantement vert,
Son parc national, ses palmiers majestueux en spirales,
Créent une atmosphère exotique, un havre de lumières.

L'Archipel d'Aldabra, sanctuaire préservé,
Se déploie dans l'océan, un trésor de biodiversité,
Ses tortues géantes, ses oiseaux colorés en liberté,
Ravivent l'âme aventurière, l'âme en quête de félicité.

Les Vallées de Mahé, écrins naturels intacts,
Sont nichées dans les montagnes, un spectacle grandiose,
Leurs cascades dévalant les flancs, leurs sentiers en acte,
Créent une ambiance paisible, une sérénité audacieuse.

L'atmosphère envoûtante des Seychelles se respire,
Dans les spas luxueux, les parfums enivrants,
Les saveurs créoles, les esprits qui respirent,
Célèbrent la détente, une symphonie éblouissante.

Seychelles, destination de rêve et de sérénité,
Les plongées sous-marines, les excursions édéniques,
Tissent une toile d'évasion, une scène d'intimité,
Où la beauté se dévoile, où les cœurs s'enrichissent.

Ô Seychelles, entre terre et mer enchanteresses,
Ton charme est un trésor à contempler,
Une destination où l'évasion est caresse,
Dans un écrin tropical, un archipel à chérir pour l'éternité.

Bienvenue au paradis des Seychelles, un archipel de rêve posé au milieu de l'océan Indien. Avec ses plages de sable blanc immaculé, ses eaux turquoise scintillantes et sa végétation luxuriante, cet endroit est une invitation à la détente et à l'évasion.

Imaginez-vous allongé sur une plage déserte, bercé par le doux bruit des vagues et caressé par la brise tropicale. Les Seychelles offrent une multitude d'îles préservées où vous pourrez vous évader du monde et vous reconnecter avec la nature.

Partez à la découverte des fonds marins spectaculaires en plongeant dans les eaux cristallines. Vous serez émerveillé par la richesse de la vie marine, des tortues aux poissons multicolores en passant par les raies majestueuses. Les amoureux de la nature seront enchantés par les réserves naturelles des Seychelles, où des espèces uniques d'oiseaux et de plantes prospèrent dans un environnement préservé.

Et que dire de la cuisine créole délicieuse qui éveillera vos papilles avec ses saveurs exotiques et ses ingrédients frais locaux.

Que vous soyez en lune de miel, en famille ou en quête d'aventure, les Seychelles vous promettent des vacances de rêve. Laissez-vous séduire par la beauté naturelle, la culture accueillante et la sérénité incomparable des Seychelles. C'est un voyage dont vous souviendrez toute votre vie. Alors, préparez-vous à vivre des moments magiques et à créer des souvenirs inoubliables dans ce coin de paradis.

St. Barts, perle des Caraïbes étincelante,
Où le luxe et la beauté se marient d'une manière enivrante,
Tes plages de sable blanc, tes eaux turquoise scintillantes,
Captivent les âmes, éveillent les rêves les plus excitants.

Gustavia, capitale élégante et animée,
S'étend avec grâce, un mélange de charme et d'exotisme,
Ses boutiques de créateurs, ses restaurants réputés,
Créent une atmosphère chic, une élégance qui se hisse.

Shell Beach, plage emblématique aux coquillages,
Se déploie en un écrin naturel, un trésor éblouissant,
Ses eaux cristallines, ses reflets sans âge,
Ravivent l'âme baigneuse, l'âme en quête de plaisirs saisissants.

Les Salines, plages de sable fin à perte de vue,
Sont bercées par les vagues, un paysage divin,
Leurs dunes préservées, leurs palmiers en statues,
Créent une ambiance tropicale, un havre paradisiaque sans fin.

L'île de Colombier, sanctuaire préservé,
S'étend majestueusement, un éden préservé,
Sa nature luxuriante, sa vue panoramique enfiévrée,
Offrent une beauté sauvage, une évasion inégalée.

L'atmosphère festive de St. Barts se respire,
Dans les soirées animées, les rythmes enivrants,
Les saveurs créoles, les esprits qui respirent,
Célèbrent la joie de vivre, une symphonie exaltante.

St. Barts, destination de rêve et de volupté,
Les yachts scintillants, les nuits étoilées éclatantes,
Tissent une toile d'évasion, une scène de sensualité,
Où la beauté se dévoile, où les cœurs s'enflamment.

Ô St. Barts, entre mer et ciel étincelants,
Ton charme est un trésor à contempler,
Une destination où l'évasion est palpitante,
Dans un joyau caribéen, une île à chérir pour l'éternité.

Bienvenue à St. Barts, l'une des perles des Caraïbes.

Cette petite île des Antilles françaises est réputée pour son charme envoûtant, ses plages de sable blanc et son atmosphère élégante.

Dès que vous poserez les pieds sur cette île paradisiaque, vous serez séduit par son ambiance décontractée et ses paysages époustouflants. Les eaux cristallines invitent à la baignade, à la plongée sous-marine et à la pratique de sports nautiques excitants.

St. Barts est également réputée pour ses superbes boutiques, ses restaurants raffinés et ses hôtels de luxe. Vous pourrez flâner dans les charmantes rues pavées de Gustavia, la capitale de l'île, où vous découvrirez des boutiques de créateurs, des galeries d'art et des cafés pittoresques.

L'île regorge de baies isolées, où vous pourrez vous détendre sur des plages tranquilles, à l'abri du tumulte de la vie quotidienne. Les amateurs de voile pourront profiter des vents favorables et naviguer le long de la côte.

Que vous souhaitiez vous prélasser au soleil, explorer les fonds marins ou vous détendre dans un cadre idyllique, St. Barts est l'endroit idéal pour satisfaire toutes vos envies. Préparez-vous à vivre des moments de pur bonheur et à vous émerveiller devant la beauté naturelle de cette île des Caraïbes.

Tahiti, perle de la Polynésie enchanteresse,
Où les paysages tropicaux défient la finesse,
Tes lagons d'un bleu profond, tes plages de douceur,
Captivent les âmes, éveillent l'émerveillement en lueur.

Papeete, cœur vibrant de l'île paradisiaque,
S'étend avec charme, un mélange d'authenticité,
Ses marchés colorés, ses jardins exotiques,
Créent une atmosphère animée, une diversité qui raye.

Moorea, joyau voisin aux montagnes majestueuses,
Se dresse en beauté, un écrin de nature luxuriante,
Ses baies scintillantes, ses récifs aux mille teintes,
Offrent une splendeur sauvage, une harmonie fascinante.

Les Cascades de Fautaua, chutes célestes en cascade,
Se déversent avec puissance, un spectacle enivrant,
Leur écho résonnant, leur fraîcheur qui s'étale,
Ravivent l'âme aventurière, l'âme en quête d'envol captivant.

Bora Bora, île légendaire d'une beauté rare,
Se pare de lagons étincelants, d'îlots flottants,
Ses motus immaculés, ses couchers de soleil au flair,
Créent une atmosphère romantique, un paradis éblouissant.

L'atmosphère paisible de Tahiti se respire,
Dans les danses traditionnelles, les chants mélodieux,
Les saveurs tropicales, les esprits qui respirent,
Célèbrent la culture polynésienne, une symphonie harmonieuse.

Tahiti, destination de rêve et d'évasion,
Les randonnées en montagne, les plongées envoûtantes,
Tissent une toile de liberté, une scène d'exploration,
Où la beauté se dévoile, où les cœurs s'enchantent.

Ô Tahiti, entre mer et terre envoûtantes,
Ton charme est un trésor à contempler,
Une destination où l'évasion est vibrante,
Dans un écrin polynésien, une île à chérir pour l'éternité.

Bienvenue à Tahiti, la perle de la Polynésie française.

Cette île emblématique de l'océan Pacifique vous offre un équilibre parfait entre beauté naturelle, culture polynésienne et moments de détente absolue.

Dès votre arrivée, vous serez captivé par les eaux turquoise, les plages de sable blanc et les luxuriants paysages montagneux qui entourent l'île. Explorez les récifs coralliens lors d'une plongée sous-marine inoubliable ou détendez-vous simplement sur une plage privée en sirotant un cocktail exotique.

Tahiti est également imprégnée d'une riche culture polynésienne. Immergez-vous dans les traditions locales en assistant à des spectacles de danse, en visitant des musées fascinants ou en découvrant l'artisanat local sur les marchés colorés. Ne manquez pas non plus la capitale de Tahiti, Papeete, où vous pourrez vous promener dans les rues animées, visiter des jardins botaniques et goûter à la délicieuse cuisine locale dans les restaurants et les roulottes de food-trucks.

Que vous soyez à la recherche d'aventures en plein air, de moments de détente sur des plages idylliques ou d'une immersion culturelle, Tahiti offre tout cela et bien plus encore. Préparez-vous à vivre des moments magiques dans ce paradis tropical de la Polynésie française.

Les Whitsundays, merveille côtière enluminant l'Australie,
Où beauté et sérénité trouvent leur juste harmonie,
Avec des îles parées de plages immaculées et de mers azurées,
Captivant les cœurs, inspirant des rêves légers comme la brise.

Whitehaven Beach, joyau de pure perfection,
Ses sables d'ivoire s'étirent comme une réflexion,
Eaux cristallines, création splendide de la nature,
Éveillant la soif d'aventure, suscitant une profonde admiration.

Hamilton Island, paradis encadré par des teintes azurées,
Niché au cœur d'une végétation luxuriante, un havre enchanté,
Ressorts et marinas, une touche de grâce luxueuse,
Créant une scène pour des moments de bonheur joyeuse.

La Grande Barrière de Corail, chef-d'œuvre vivant,
La plus grande barrière de corail du monde, festin sous-marin éblouissant,
Regorgeant de vie marine colorée dans son cœur majestueux,
Invitant à l'exploration, éveillant une admiration amoureuse.

Heart Reef, symbole emblématique de l'amour,
Formation corallienne qui capture l'âme sans détour,
Une vue d'en haut, une apparition en forme de cœur,
Chuchotant la romance, ravivant la passion en ardeur.

L'atmosphère des Whitsundays murmure la tranquillité,
Dans les croisières au coucher du soleil, lorsque le ciel se pare d'or,
Dans les baies isolées, où les murmures de la nature s'expriment doucement,
Célébrant l'harmonie, une évasion loin du tumulte du quotidien.

Les Whitsundays, une destination de rêve et de béatitude,
Des aventures en voilier, des sauts d'île en île dans une quiétude,
Tissant une toile d'évasion, une symphonie d'émerveillement,
Où la beauté se déploie, où les cœurs restent éternellement charmés.

Ô Whitsundays, où terre et mer se rejoignent en une harmonie,
Ton charme est un trésor à contempler, une mélodie,
Une destination où l'évasion s'envole avec splendeur,
Dans un paradis australien, un délice éternel à savourer avec ferveur.

Bienvenue dans les **Whitsundays**, un véritable joyau de l'Australie.

Niché au cœur de la Grande Barrière de corail, cet archipel de 74 îles est un véritable paradis tropical où la beauté naturelle règne en maître.

Lors de votre séjour aux Whitsundays, vous serez émerveillé par les eaux cristallines et les plages de sable blanc immaculées qui s'étendent à perte de vue. Explorez les récifs coralliens colorés lors d'une plongée sous-marine ou en tuba, et découvrez la vie marine spectaculaire qui peuple ces eaux.

Les **Whitsundays** offrent également de nombreuses possibilités de navigation. Louez un yacht ou participez à une croisière pour explorer les différentes îles de l'archipel et jeter l'ancre dans des criques isolées. Laissez-vous bercer par les douces brises marines et profitez de moments de détente sur le pont, en admirant les paysages à couper le souffle.

Si vous préférez la terre ferme, vous pourrez partir à l'aventure dans les forêts tropicales environnantes, faire de la randonnée sur les sentiers pittoresques ou vous détendre sur les plages de sable fin. Ne manquez pas non plus de contempler les célèbres formations rocheuses des Whitsunday Islands, notamment la célèbre **Whitehaven Beach**, dont le sable d'un blanc éclatant est considéré comme l'un des plus beaux au monde.

Que vous soyez un amateur de plongée, un passionné de voile ou simplement en quête de tranquillité et de beauté naturelle, les Whitsundays vous offriront une expérience inoubliable. Préparez-vous à vous immerger dans un véritable paradis tropical au cœur de l'Australie.

Fidji, perle de l'Océanie envoûtante,
Où le rêve et la réalité se font écho d'une manière charmante,
Un archipel de magie, de paysages à couper le souffle,
Captivant les voyageurs, les cœurs s'emballent, l'âme s'envole.

Viti Levu, l'île principale au cœur vibrant,
S'étend avec majesté, une terre de contrastes inspirants,
Ses plages de sable blanc, ses montagnes couvertes de verdure,
Créent une atmosphère enchanteresse, une nature pure.

Les îles Yasawa, un éden tropical immaculé,
Où les lagons cristallins révèlent leur beauté,
Des îles coralliennes, des criques isolées,
Invitant à l'exploration, un paradis à l'état pur, une félicité.

Les Fidji, terre de culture et de traditions,
Où les danses et les chants racontent les émotions,
Les villages accueillants, les sourires chaleureux,
Créent une atmosphère conviviale, un lien précieux.

Le mont Tomanivi, une montagne majestueuse,
Offrant des randonnées vertigineuses, des vues lumineuses,
Le souffle coupé par l'immensité de la nature,
Ressentant la grandeur, une expérience hors du commun qui perdure.

L'atmosphère paisible des Fidji se respire,
Dans les eaux cristallines, où l'on plonge avec délice,
Dans les spas traditionnels, où l'on se laisse choyer,
Célébrant la détente, une symphonie de bonheur et de paix.

Les Fidji, une destination de rêve et d'évasion,
Des aventures aquatiques, des instants de méditation,
Tissent une toile de bien-être, une scène de sérénité,
Où la beauté se dévoile, où les cœurs s'épanouissent à jamais.

Ô Fidji, entre terre et mer envoûtantes,
Ton charme est un trésor à contempler sans fin,
Une destination où l'évasion est magique et vibrante,
Dans un paradis océanique, une île à chérir sans fin.

Bienvenue aux Fidji, un joyau tropical de l'océan Pacifique.

Ces îles paradisiaques offrent un mélange enchanteur de paysages époustouflants, de plages de sable blanc, de lagons turquoise et d'une culture chaleureuse.

Lors de votre séjour aux Fidji, vous pourrez explorer les récifs coralliens colorés lors de sessions de plongée ou de snorkeling. Découvrez une multitude d'espèces marines fascinantes, nagez avec les raies manta majestueuses et émerveillez-vous devant la beauté des jardins de corail.

Les Fidji sont également le lieu idéal pour se détendre et se ressourcer. Profitez du soleil et des douces brises tropicales sur les plages immaculées, ou laissez-vous dorloter dans un spa luxueux avec des soins inspirés des traditions locales.

Ne manquez pas l'occasion de vous immerger dans la culture fidjienne accueillante. Rencontrez les habitants chaleureux, assistez à des spectacles de danse traditionnelle et goûtez aux délices culinaires locaux. Les Fidji sont réputées pour leur hospitalité légendaire, et vous serez accueilli à bras ouverts par les locaux.

Que vous soyez un voyageur avide d'aventure ou en quête de relaxation totale, les Fidji offrent une escapade idyllique. Plongez dans les eaux cristallines, détendez-vous sur des plages de rêve et laissez-vous séduire par le charme exotique de cet archipel magique.

Bali, perle exotique de l'Indonésie enchanteresse,
Où se mêlent culture et nature dans une douce ivresse,
Une île bénie, où les rêves prennent vie,
Captivant les voyageurs, une aventure infinie.

Les rizières en terrasses, un spectacle époustouflant,
Où le vert se déploie, un écrin enchanteur et fascinant,
Un paysage envoûtant, une symphonie visuelle,
Invitant à la contemplation, une expérience spirituelle.

Ubud, berceau de l'art et de la créativité,
Où les artistes s'expriment avec audace et spontanéité,
Ses galeries, ses ateliers, un véritable festival,
Créent une atmosphère inspirante, un voyage mental.

Les plages de sable fin, baignées par les vagues,
Un paradis balnéaire, une retraite pour les âmes vagues,
Des spots de surf, des couchers de soleil enflammés,
Invitant à la détente, une parenthèse enchantée.

Les temples sacrés, gardiens de traditions anciennes,
Où l'on trouve la spiritualité, des prières et des offrandes,
Le temple de Besakih, le temple d'Uluwatu,
Créent une atmosphère mystique, un lien avec l'inconnu.

L'atmosphère paisible de Bali se respire,
Dans les spas luxueux, où l'on se laisse choyer,
Dans les cérémonies colorées, où l'on se laisse éblouir,
Célébrant la sérénité, une symphonie de bien-être et de joie.

Bali, une destination de rêve et d'évasion,
Des explorations culturelles, des moments de contemplation,
Tissent une toile d'émerveillement, une scène de bonheur,
Où la beauté se dévoile, où les cœurs s'épanouissent avec ferveur.

Ô Bali, entre tradition et modernité en harmonie,
Ton charme est un trésor à contempler avec magie,
Une destination où l'évasion est une véritable symphonie,
Dans un paradis indonésien, une île à chérir pour l'infini.

Bienvenue à Bali, l'Île des dieux, où le paradis tropical se mêle à une riche culture et à une hospitalité chaleureuse. Cette île indonésienne est célèbre pour ses magnifiques plages, ses rizières en terrasses, ses temples sacrés et son mode de vie paisible.

Lors de votre séjour à Bali, vous pourrez vous détendre sur des plages de sable blanc bordées de palmiers, plonger dans les eaux cristallines pour explorer les récifs coralliens colorés ou profiter de séances de surf sur les vagues légendaires. Vous pourrez également admirer les couchers de soleil spectaculaires sur l'océan Indien, créant une atmosphère romantique et magique.

L'âme de Bali réside également dans sa culture et ses traditions uniques. Explorez les temples anciens tels que le temple de Besakih ou le temple d'Uluwatu, assistez à des cérémonies religieuses traditionnelles et découvrez l'art et l'artisanat balinais, tels que la sculpture sur bois, la peinture et la danse.

L'hospitalité des habitants de Bali, connus sous le nom de "Balinais", est légendaire. Vous serez accueilli à bras ouverts, et vous pourrez goûter à la délicieuse cuisine balinaise, caractérisée par ses saveurs épicées et ses plats traditionnels tels que le fameux "nasi goreng" (riz frit) ou le "babi guling" (porc rôti).

Que vous soyez à la recherche d'aventures exotiques, de moments de détente sur des plages idylliques ou d'une immersion dans une culture fascinante, Bali offre une expérience unique. Laissez-vous envoûter par la beauté naturelle, la spiritualité et la douceur de vivre qui caractérisent cette île enchanteresse.

Koh Phi Phi, joyau scintillant de la Thaïlande,
Où le paradis tropical s'étend avec une grâce grande,
Un archipel d'émerveillement, de plages de sable fin,
Captivant les voyageurs, un enchantement sans fin.

Phi Phi Don, île principale animée d'une énergie vibrante,
Ses plages idylliques, ses eaux cristallines ravissantes,
Un lieu de rencontres, de fêtes et de convivialité,
Créant une atmosphère festive, une joie partagée.

La plage de Maya Bay, un décor de cinéma sublime,
Où le sable doux caresse l'âme, où les vagues se dessinent,
Un lagon aux eaux turquoise, entouré de falaises majestueuses,
Invitant à la détente, une évasion délicieuse.

Koh Phi Phi Leh, un sanctuaire naturel d'une beauté rare,
Avec ses criques cachées, ses grottes mystérieuses à découvrir,
Les plongées sous-marines, les récifs coralliens chatoyants,
Offrent une aventure aquatique, un spectacle éblouissant.

La vue panoramique depuis le point de vue de Phi Phi,
Une récompense pour les explorateurs qui gravissent cette colline,
Un paysage à couper le souffle, une étendue infinie,
Créant une sensation d'émerveillement, une félicité inouïe.

L'atmosphère bohème de Koh Phi Phi se respire,
Dans les bars de plage animés, où la musique enivre,
Dans les couchers de soleil flamboyants, où le ciel s'embrase,
Célébrant la beauté, une symphonie de vie et de grâce.

Koh Phi Phi, une destination de rêve et de liberté,
Des aventures marines, des moments de quiétude contemplée,
Tissent une toile d'évasion, une scène de bonheur partagé,
Où la beauté se dévoile, où les cœurs restent émerveillés.

Ô Koh Phi Phi, entre nature et festivités enchantées,
Ton charme est un trésor à contempler avec passion,
Une destination où l'évasion est un éclat de félicité,
Dans un paradis thaïlandais, une île à chérir sans condition.

Bienvenue à Koh Phi Phi, un joyau tropical au cœur de la Thaïlande, où les eaux cristallines rencontrent des paysages époustouflants.

Cette île paradisiaque est réputée pour sa beauté naturelle incomparable, ses plages de sable blanc et ses eaux turquoise.

Lors de votre séjour à Koh Phi Phi, vous pourrez vous détendre sur les plages immaculées, plonger dans les récifs coralliens pour découvrir la vie marine colorée ou explorer les grottes et les falaises impressionnantes de l'île. Les activités ne manquent pas, que vous souhaitiez faire de la plongée, du snorkeling, du kayak ou simplement profiter du soleil et des doux bruits des vagues.

L'île offre également une vie nocturne animée, avec des bars en bord de mer où vous pourrez déguster des cocktails exotiques tout en admirant les couchers de soleil à couper le souffle. Vous pourrez également goûter à la délicieuse cuisine thaïlandaise, des plats de rue aux mets raffinés, en passant par les fruits de mer frais.

Koh Phi Phi est un véritable paradis tropical, où le temps semble s'arrêter et où vous pourrez vous reconnecter avec la nature et vous ressourcer. Que vous soyez à la recherche de détente, d'aventure ou d'une expérience culturelle, cette île vous offrira des moments inoubliables et des souvenirs précieux. Préparez-vous à être ébloui par la beauté naturelle et la magie de Koh Phi Phi.

Hawaï, perle de l'océan Pacifique,
Où les paysages grandioses laissent sans voix,
Un archipel volcanique, une terre magique,
Captivant les voyageurs, un enchantement à chaque pas.

L'île d'**Oahu**, berceau de l'histoire et de la modernité,
Avec sa capitale animée, **Honolulu**, éclatante de beauté,
Waikiki Beach, plage mythique aux eaux cristallines,
Crée une atmosphère vibrante, un mélange de cultures divines.

Le parc national des volcans d'**Hawaï**, spectacle unique,
Où la lave jaillit, où la terre s'enflamme magnifique,
Le **Kilauea** et le **Mauna Loa**, majestueux et puissants,
Invitent à l'exploration, une rencontre avec le géant.

La route panoramique de **Hana**, une aventure extraordinaire,
À travers les forêts luxuriantes, les cascades enchanteuses,
Des plages sauvages, des falaises à couper le souffle,
Créent une atmosphère d'évasion, une nature fière et belle.

L'île de **Maui**, un paradis pour les amateurs de surf,
Avec ses vagues puissantes, ses spots légendaires en turban,
Le mont **Haleakalā**, un volcan endormi d'une majesté,
Offre des levers de soleil époustouflants, une vue ensoleillée.

Hawaï, terre de traditions et de spiritualité,
Où l'on célèbre le hula, la danse gracieuse avec fierté,
Les cérémonies d'**Aloha**, le respect et la bienveillance,
Créent une atmosphère chaleureuse, une paix en abondance.

L'atmosphère paisible d'**Hawaï** se respire,
Dans les jardins botaniques, où la nature inspire,
Dans les plongées sous-marines, où l'on découvre la vie marine,
Célébrant la beauté, une symphonie de couleurs et de ravines.

Hawaï, une destination de rêve et d'évasion,
Des randonnées épiques, des moments de méditation,
Tissent une toile de bonheur, une scène de félicité,
Où la beauté se dévoile, où les cœurs s'épanouissent à jamais.

Ô **Hawaï**, entre terre et mer envoûtantes,
Ton charme est un trésor à contempler avec passion,
Une destination où l'évasion est un voyage fascinant,
Dans un paradis américain, une île à chérir sans condition.

Bienvenue à Hawaii, l'archipel paradisiaque du Pacifique, où les plages de sable fin, les eaux turquoises et les paysages spectaculaires vous attendent. Cette destination de rêve offre une atmosphère unique, mêlant beauté naturelle, culture locale et activités passionnantes.

Sur les îles d'Hawaii, vous pourrez vous prélasser sur des plages pittoresques, explorer des volcans en activité, faire de la plongée sous-marine dans des récifs coralliens époustouflants, ou encore partir à la découverte des cascades et des forêts luxuriantes. Chaque île a sa propre personnalité, offrant une variété d'expériences allant des aventures en plein air aux moments de détente sur des plages isolées.

Découvrez la riche culture hawaïenne en participant à des danses traditionnelles, en visitant des sites historiques et en dégustant la délicieuse cuisine locale, fusion de saveurs polynésiennes, asiatiques et américaines. Les couchers de soleil à Hawaii sont spectaculaires, offrant des panoramas à couper le souffle et des moments de tranquillité inoubliables.

Que vous souhaitiez surfer sur les vagues légendaires de Waikiki, explorer le parc national des volcans d'Hawaii, randonner dans les montagnes verdoyantes de Kauai ou simplement vous détendre sur les plages de sable blanc de Maui, Hawaii vous promet une expérience de voyage incomparable.

Préparez-vous à tomber amoureux de l'ambiance envoûtante d'Hawaii, où l'accueil chaleureux des habitants, la beauté naturelle à couper le souffle et l'esprit d'aventure vous attendent. Que vous voyagiez en famille, en couple ou en solo, Hawaii est une destination qui restera gravée dans vos souvenirs pour toujours.

Ibiza, perle méditerranéenne enchanteresse,
Où la fête et la beauté se mêlent avec tendresse,
Une île vibrante, un véritable paradis nocturne,
Captivant les voyageurs, une expérience unique.

Les plages de sable fin, baignées par les eaux turquoises,
Un refuge pour les âmes en quête de douceur et de brises,
Cala Comte, Cala d'Hort, des joyaux de tranquillité,
Créent une atmosphère apaisante, une sérénité partagée.

La vieille ville d'Ibiza, Dalt Vila, fière et historique,
Avec ses remparts imposants, ses ruelles pittoresques,
Un patrimoine préservé, une beauté intemporelle,
Invitant à la découverte, une plongée dans l'histoire éternelle.

Les clubs légendaires, Pacha, Amnesia, Ushuaïa,
Où la musique résonne, où la danse devient magie,
Une vie nocturne effervescente, une énergie contagieuse,
Créent une atmosphère festive, une euphorie délicieuse.

Les marchés hippies, Es Canar, Las Dalias,
Où l'artisanat s'exprime, où les couleurs s'enlacent,
Un esprit bohème, une douceur dans l'air,
Invitant à la détente, une expérience à savourer.

L'atmosphère cosmopolite d'Ibiza se respire,
Dans les restaurants branchés, où les saveurs inspirent,
Dans les couchers de soleil enflammés, où les cieux s'enflamment,
Célébrant la joie de vivre, une symphonie de bonheur et d'âmes.

Ibiza, une destination de rêve et de décadence,
Des plages idylliques, des moments de transcendance,
Tissent une toile d'évasion, une scène de liberté,
Où la beauté se dévoile, où les cœurs dansent en osmose.

Ô Ibiza, entre fête et tranquillité envoûtante,
Ton charme est un trésor à contempler avec passion,
Une destination où l'évasion est une expérience palpitante,
Dans un paradis espagnol, une île à chérir sans condition.

Bienvenue à Ibiza, l'île espagnole réputée pour ses fêtes légendaires, ses plages sublimes et son ambiance cosmopolite. Ibiza est un paradis pour les amateurs de musique, les fêtards et les amoureux de la vie nocturne. Cette île vibrante est célèbre pour ses clubs et ses DJ internationaux qui font danser les foules jusqu'au lever du soleil. Des soirées épiques et des festivals de renommée mondiale font d'Ibiza l'une des destinations les plus prisées pour les amateurs de musique électronique.

Mais Ibiza ne se limite pas seulement à la fête. L'île offre également des plages magnifiques, des criques isolées et des eaux cristallines qui invitent à la détente et à la baignade. Vous pourrez vous prélasser sur les plages de sable fin, vous adonner à des sports nautiques excitants ou simplement vous détendre au soleil.

En dehors de la vie nocturne et des plages, Ibiza a également une histoire et une culture riches à découvrir. Vous pourrez visiter la vieille ville d'Ibiza, classée au patrimoine mondial de l'UNESCO, et vous perdre dans ses ruelles pittoresques. Les marchés animés, les boutiques branchées et les restaurants offrant une cuisine délicieuse sont autant d'attractions à ne pas manquer.

Que vous veniez à Ibiza pour faire la fête, vous détendre sur des plages idylliques ou découvrir son patrimoine culturel, cette île méditerranéenne vous promet une expérience inoubliable. Préparez-vous à plonger dans l'ambiance animée, cosmopolite et envoûtante d'Ibiza, où la fête ne s'arrête jamais et où les souvenirs se créent à chaque instant.

Turks et Caïcos, joyau des Caraïbes étincelant,
Où les eaux cristallines caressent le sable blanc,
Un archipel divin, une destination de rêve,
Captivant les voyageurs, une escapade qui se prélève.

Grace Bay, plage emblématique d'une beauté sans pareille,
Où l'horizon se fond dans un bleu qui émerveille,
Un littoral infini, un doux paradis balnéaire,
Créant une atmosphère apaisante, une paix éphémère.

Les îles désertes, un havre de tranquillité,
Où l'on se perd dans la nature, loin de l'agitation citadine,
Île de Providenciales, Île de Grand Turk, des joyaux préservés,
Invitant à l'exploration, une aventure naturelle enivrée.

La barrière de corail, un trésor sous-marin,
Où les poissons multicolores dansent en ballet divin,
La plongée avec tuba, la plongée sous-marine, un enchantement,
Offrent une expérience aquatique, une connexion avec l'océan.

Le parc national de Chalk Sound, un paysage saisissant,
Où les eaux turquoise se fondent dans un bleu captivant,
Les mangroves, les flots, une nature préservée,
Créent une atmosphère sauvage, une tranquillité préservée.

L'atmosphère paisible de Turks et Caïcos se respire,
Dans les spas luxueux, où le bien-être inspire,
Dans les restaurants raffinés, où les saveurs enchantent,
Célébrant la détente, une symphonie de plaisir et de chants.

Turks et Caïcos, une destination de rêve et de sérénité,
Des plages immaculées, des moments de pure félicité,
Tissent une toile d'évasion, une scène de bonheur partagé,
Où la beauté se dévoile, où les cœurs restent émerveillés.

Ô Turks et Caïcos, entre nature et détente divine,
Ton charme est un trésor à contempler avec passion,
Une destination où l'évasion est une émotion qui fascine,
Dans un paradis caribéen, un archipel à chérir sans condition.

Bienvenue dans les îles paradisiaques de Turks et Caïcos, un joyau des Caraïbes.

Ce petit archipel est réputé pour ses plages de sable blanc immaculé, ses eaux turquoise cristallines et sa nature préservée.

Turks et Caïcos est l'endroit idéal pour les amoureux de la mer et des activités nautiques. Vous pourrez explorer des récifs coralliens spectaculaires lors de sessions de plongée sous-marine ou de plongée en apnée, ou vous détendre simplement sur des plages isolées et paisibles. Les eaux calmes et peu profondes sont parfaites pour la baignade et le kayak.

L'archipel abrite également des parcs marins protégés, tels que le Parc national de la baie de Chalk Sound, offrant une faune et une flore marines exceptionnelles à découvrir. Les amateurs de pêche pourront s'adonner à la pêche en haute mer et tenter leur chance pour attraper des poissons trophées.

En dehors des activités nautiques, vous pourrez vous promener dans les charmants villages de pêcheurs, déguster une cuisine locale délicieuse à base de fruits de mer frais et explorer la culture des îles. L'ambiance décontractée et l'hospitalité chaleureuse des habitants font de Turks et Caïcos un véritable havre de paix.

Que vous cherchiez des vacances relaxantes au bord de la mer, des aventures aquatiques palpitantes ou simplement une escapade tropicale loin du tumulte de la vie quotidienne, Turks et Caïcos vous offre une expérience de voyage inoubliable. Laissez-vous envoûter par la beauté naturelle de ces îles préservées et profitez de moments de détente et de sérénité au cœur des Caraïbes.

Zanzibar, perle de l'Océan Indien envoûtante,
Où les épices embaument l'air d'une senteur enivrante,
Une île aux trésors multiples, une culture fascinante,
Captivant les voyageurs, une expérience palpitante.

Les plages de sable blanc, caressées par les eaux azurées,
Un décor de carte postale, une beauté préservée,
Nungwi, Paje, des rivages d'une douceur infinie,
Créant une atmosphère paisible, une quiétude embellie.

La vieille ville de **Stone Town**, un joyau historique,
Aux ruelles labyrinthiques, aux maisons pittoresques,
Un patrimoine inscrit au cœur de l'humanité,
Invitant à la découverte, une plongée dans l'Histoire étoilée.

Les épices, trésors odorants des jardins de **Zanzibar**,
Où la cannelle, le clou de girofle, le poivre, sont rois,
Un héritage d'échanges, de cultures en éventail,
Créant une atmosphère envoûtante, un voyage sensoriel.

Les fonds marins riches, un paradis des plongeurs,
Où les récifs coralliens abritent une vie en couleurs,
La plongée sous-marine, la plongée en apnée, un enchantement,
Offrent une expérience aquatique, une communion avec l'océan.

Les îles voisines, **Prison Island, Mnemba Island**,
Un écrin de nature, un havre de paix, un jardin éden,
Les dauphins joueurs, les tortues majestueuses à l'horizon,
Créent une atmosphère sauvage, une connexion au firmament.

L'atmosphère sereine de **Zanzibar** se respire,
Dans les marchés animés, où les étoffes inspirent,
Dans les saveurs locales, où les épices chantent,
Célébrant la diversité, une symphonie de cultures qui enchantent.

Zanzibar, une destination de rêve et d'authenticité,
Des plages enchanteresses, des moments d'intensité,
Tissent une toile d'évasion, une scène de bonheur éclairée,
Où la beauté se dévoile, où les cœurs s'épanouissent à jamais.

Ô **Zanzibar**, entre tradition et nature enflammée,
Ton charme est un trésor à contempler avec passion,
Une destination où l'évasion est une aventure sacrée,
Dans un paradis tanzanien, une île à chérir sans condition.

Bienvenue sur les plages envoûtantes de Zanzibar, un véritable paradis insulaire situé au large des côtes de la Tanzanie. Cette magnifique île vous transporte dans un monde de beauté tropicale, où le sable blanc scintille sous le soleil éclatant et les eaux turquoise invitent à la baignade.

Zanzibar est réputé pour ses plages idylliques et ses eaux chaudes, parfaites pour se détendre et se ressourcer. Vous pourrez vous prélasser sur des plages de carte postale telles que Nungwi, Kendwa et Paje, ou explorer les fonds marins spectaculaires lors de sessions de plongée sous-marine ou de snorkeling.

Au-delà des plages, l'île regorge de trésors culturels et historiques. Dans la vieille ville de Stone Town, classée au patrimoine mondial de l'UNESCO, vous pourrez vous perdre dans les ruelles étroites et découvrir des bazars animés, des mosquées anciennes et des bâtiments coloniaux. L'influence arabe, indienne et européenne se mêle harmonieusement, créant une atmosphère unique et captivante.

Ne manquez pas non plus la visite des plantations d'épices de Zanzibar, où vous pourrez en apprendre davantage sur les aromates exotiques tels que la vanille, la cannelle et le clou de girofle qui font la renommée de l'île. L'accueil chaleureux et la convivialité des habitants de Zanzibar font de chaque séjour une expérience inoubliable. Laissez-vous bercer par la magie de Zanzibar, entre détente, exploration culturelle et aventures en plein air. Une destination de rêve pour ceux qui cherchent à s'évader dans un véritable paradis tropical.

Quinta do Lago, joyau de l'Algarve ensorcelant,
Où la nature luxuriante et l'élégance se mêlent en chant,
Un domaine exclusif, un paradis pour les privilégiés,
Captivant les voyageurs, une expérience de prestige.

Les fairways verdoyants, des parcours de golf réputés,
Où les passionnés s'adonnent à leur art avec félicité,
Des terrains immaculés, un défi pour les golfeurs avides,
Créant une atmosphère sportive, une compétition fluide.

La plage de sable doré, bordée par l'océan azur,
Un refuge pour les baigneurs en quête de pur bonheur,
Des eaux calmes, des instants de détente et de quiétude,
Créent une atmosphère apaisante, une douceur qui exclut l'incertitude.

Les résidences somptueuses, villas et hôtels luxueux,
Où le confort et l'élégance sont rois, prestigieux,
Un art de vivre raffiné, une hospitalité chaleureuse,
Invitant à la relaxation, une expérience précieuse.

La réserve naturelle de Ria Formosa, un écrin préservé,
Où les lagunes, les dunes et les oiseaux se sont trouvés,
Une biodiversité remarquable, un écosystème protégé,
Créent une atmosphère sauvage, une harmonie bien méritée.

Les restaurants et bars élégants, où les saveurs enchantent,
Les terrasses animées, où les moments de convivialité se plantent,
Une gastronomie raffinée, une expérience culinaire divine,
Célébrant les plaisirs de la table, une symphonie gustative qui fascine.

Quinta do Lago, un havre de paix et d'élégance,
Des paysages époustouflants, des moments de romance,
Tissent une toile d'évasion, une scène de bonheur serein,
Où la beauté se dévoile, où les cœurs s'épanouissent sans fin.

Ô Quinta do Lago, entre prestige et nature exaltante,
Ton charme est un trésor à contempler avec passion,
Une destination où l'évasion est une expérience enivrante,
Dans un domaine d'exception, un lieu à chérir sans condition.

Bienvenue à Quinta do Lago, un véritable joyau situé dans la région de l'Algarve, au Portugal. Niché entre la beauté naturelle de la Ria Formosa et l'océan Atlantique, Quinta do Lago offre un cadre spectaculaire pour des vacances inoubliables.

Ce complexe de luxe est réputé pour ses superbes terrains de golf de classe mondiale, attirant les amateurs de ce sport venant du monde entier. Les fairways verdoyants, les lacs scintillants et les vues panoramiques sur la côte créent une expérience de golf exceptionnelle.

Outre le golf, Quinta do Lago propose une myriade d'activités et de commodités haut de gamme. Vous pourrez profiter de plages de sable fin, de criques isolées et de lagunes paisibles, idéales pour la baignade, les sports nautiques et les promenades relaxantes.

La gastronomie est également à l'honneur à Quinta do Lago, avec une sélection de restaurants raffinés proposant une cuisine portugaise authentique et des plats internationaux exquis. Les amateurs de shopping seront comblés par les boutiques de créateurs, les galeries d'art et les boutiques de souvenirs élégantes.

Quinta do Lago est également un endroit idéal pour se détendre et se ressourcer. Les luxueuses villas et les hôtels de renommée offrent un hébergement de première classe, avec des spas, des centres de bien-être et des installations de remise en forme pour prendre soin de votre corps et de votre esprit.

Que vous soyez à la recherche d'une escapade de golf, de vacances balnéaires de luxe ou d'une expérience gastronomique inoubliable, Quinta do Lago est l'endroit idéal pour combler tous vos désirs. Plongez dans l'élégance et le charme de Quinta do Lago, où le luxe et la nature se rencontrent pour créer une expérience unique.

Printed in France by Amazon
Brétigny-sur-Orge, FR